AF364764

Dedico este livro à minha irmã, Rosemary.
Obrigada por seus desenhos mágicos,
por compartilhar seu talento e me apoiar
em tudo que faço.
Te amo, Carmen

Dedico este livro à minha irmã, Carmen!!
Obrigada por ser meu guia de vida
e alma gêmea e por compartilhar sua paixão
por ajudar os outros com seus talentos.
Te amo com todo o meu coração.
Rosemary.

# DOIS PEQUENINOS PRESENTES DA VIDA

Carmen Martínez Jover

Ilustrações de
Rosemary Martínez

Era uma vez
dois macacos:
Bowie e Tina.

Eles viviam muito felizes
em sua bela árvore.

Eles adoravam pular de galho em galho pelas árvores e sempre viam muitos macaquinhos por toda parte, mas não tinham o seu bebê macaquinho.

"Vamos ver…"
disse Bowie,
"para fazer um
macaquinho,
precisamos de um
pequeno óvulo seu
e de um pequeno
espermatozoide meu."

"Eu quero muito ter o nosso bebê macaquinho", disse Tina.

"Sim, eu também", respondeu Bowie. "Mal posso esperar pelo dia em que seremos Mamãe e Papai."

Mas veio a primavera…

o outono passou…

o verão passou...

e veio o inverno...

e Tina e Bowie ainda
não tinham se tornado
Mamãe e Papai.

O médico disse a Tina que seus pequenos óvulos não estavam fazendo o trabalho deles muito bem, e disse o mesmo para Bowie sobre seus pequenos espermatozoides.

Eles ficaram muito tristes.

Em um dia emocionante, Tina ganhou
um óvulo de uma adorável macaca e
Bowie recebeu um espermatozoide de
um generoso macaco.
E o óvulo e o espermatozoide foram
cuidados com muito carinho pelo
seu médico.

Tina e Bowie cuidaram
do pequeno óvulo
e do minúsculo
espermatozoide como
se fossem um tesouro,
porque precisavam
deles para ter seu
bebê macaquinho.

Na clínica, o médico colocou delicadamente o pequeno óvulo doado para Tina e o pequeno espermatozoide doado para Bowie juntos dentro de um tubo de ensaio. Depois, cuidou deles com paciência, até que fecundaram e se tornaram um, formando um embrião, que é o início de um bebê macaquinho.

Quando o embrião começou a crescer, o médico o colocou com cuidado no útero da Tina, onde ele continuou a crescer.

Logo a barriga de Tina
começou a crescer
crescer
e crescer.

Bowie sempre cuidava dela.

Tina gostava de comer muitas coisas deliciosas para que o bebê macaquinho em sua barriga crescesse forte e saudável.

Eles começaram a preparar o
quarto do seu bebê macaquinho.

Um quarto adorável.

Tina e Bowie finalmente
se tornaram Mamãe e Papai!

O bebê macaquinho nasceu e
sabe de uma coisa?
Laby era o bebê macaquinho mais
lindo que já se viu.

Laby cresceu…
cresceu…
e cresceu…
e eles viveram felizes para sempre
como uma família.

# Sejam heróis de suas próprias histórias.

## Personalizem sua história com o seu nome.

www.fertilitybooks.net
books.carmenmartinezjover.com

## DOAÇÃO DE OVINHO

**Um pequenino PRESENTE DA VIDA,**
uma história de doação de óvulos para meninas, meninos e gêmeos

## ADOÇÃO

**Tempo da alma para nascer,**
uma história de adoção

# UMA MÃE SOLTEIRA POR OPÇÃO

**Um laço eterno,** a história de uma mãe solteira por opção através da doação de óvulos e esperma

## DOAÇÃO DE OVINHO E DE ESPERMA

## DOIS PAIS

**Dois pequeninos PRESENTES DA VIDA,**
uma história de doação de ovinho e de esperma

**A caça ao tesouro do bebê canguru,** uma história de pais gays para um bebê e gêmeos

**Outros livros de:** Rosemary e Carmen Martinez Jover

**Disponível em:**

**I want to have a child,
whatever it takes!**

**Receitas de como são
feitos os bebês**

**Bloom, wherever you
may be planted**